LEGO® als Kapitalanlage und Investment

Mit LEGO® Kapitalerträge generieren und Tipps zum An & Verkauf von LEGO® Sets & Teilen

Martin Ludwig

 tredition

© 2025 Ludwig

Druck und Distribution im Auftrag des Autors:

tredition GmbH, Heinz-Beusen-Stieg 5, 22926 Ahrensburg, Deutschland

Kontaktadresse nach EU-Produktsicherheitsverordnung:

legodudegermany@yahoo.de

LEGO® als Kapitalanlage und Investment

Die Marke LEGO® ist weltweit bekannt und beliebt. Die kleinen Noppensteine aus Dänemark haben bereits Generationen von Kindern Freude bereitet und sind auch für Erwachsene ein beliebtes Investment. LEGO®-Steine und -Sets sind seit Jahren eine beliebte Handelsware. Der Markt für gebrauchte Elemente und Neuware hat in den vergangenen Jahren ein kontinuierliches Wachstum verzeichnet. Die Corona-Pandemie hat zu einer signifikanten Steigerung der Preise für LEGO®-Produkte geführt.

In diesem Buch zeige ich Ihnen verschiedene Möglichkeiten auf, wie Sie mit LEGO® Kapitalerträge erwirtschaften können.

Die bunten Bausteine, die einst vor allem für kreatives Spielen gedacht waren, haben sich zu einer ernstzunehmenden Anlageklasse entwickelt, die sowohl Freude als auch finanzielle Renditen verspricht. Das Potenzial von limitierten Sets, nostalgischen Kollektionen und besonderen Editionen, die im Laufe der Zeit an Wert gewinnen können, wird von immer mehr Menschen erkannt.

Im Laufe des Buches werde ich aufzeigen, welche Sets und Themenwelten die beste Rendite abwerfen, und Tipps und Tricks vorstellen, wie Sie die begehrten Sets deutlich billiger bekommen. Zudem werde ich den An- und Verkauf von Sammlungen, Kiloware sowie einzelnen Sets veranschaulichen.

Der Autor

Ich, geboren 1983, Vater von zwei Kindern, spiele seit meiner Kindheit mit den bunten Steinen. Zu den ersten Sets, die ich als Kind erhalten habe, zählten die Ritterburg sowie der Güterzug, den ich mir mit meinen Geschwistern teilen durfte.

Vor rund 15 Jahren habe ich begonnen, mich mit LEGO als Anlageobjekt zu beschäftigen.

Wir hatten eine Vielzahl an Kisten mit unsortierten Steinen, die ich in mühevoller Arbeit nach Farben sortiert habe. Damals nutzte ich eBay als Verkaufsoption. Heute gibt es eine Vielzahl an Plattformen, auf die ich später eingehen werde.

Nach einigen Verkäufen verfügte ich über das notwendige Startkapital. Auch das Risiko des "Verbrennens von Geld" war mir bereits vertraut. Nicht immer verlaufen Investitionen ohne Schwierigkeiten.

Das Startkapital

Es gibt verschiedene Möglichkeiten, das Startkapital erfolgreich zu vermehren. Sie können sich auf den Verkauf von losen Steinen, Elementen, Bekleidung und Minifiguren beschränken oder mit neuwertigen Sets handeln. Sie können auch gezielte Investitionen in einzelne lukrative Themenbereiche tätigen oder sich auf einzelne Segmente spezialisieren.

Zunächst ist festzuhalten, welche finanziellen Mittel als Startkapital zur Verfügung stehen. Für eine Startinvestition von 1.500€ bis 5.000 € können Sie eine große Menge an Material und Sets erwerben.

Sollten Sie über kein Startkapital verfügen, besteht die Möglichkeit, einen Kleinkredit bei Ihrer Hausbank oder über ein Vergleichsportal zu beantragen. Der Kredit kann unkompliziert über das Onlineportal der Bank oder über Vergleichsportale beantragt werden. Die monatliche Rate sollte so bemessen sein, dass keine finanziellen Schwierigkeiten zu erwarten sind.

Ein Kredit über 1.000 € mit einer Laufzeit von 12 Monaten hatte am 04.05.2022 eine monatliche Rate von 83,15 €. Die Beantragung ist unkompliziert und nach erfolgreicher Prüfung steht das Geld innerhalb weniger Minuten auf Ihrem Konto zur Verfügung.

Im Folgenden werden die grundlegenden Aspekte erläutert, die für einen erfolgreichen Investmentprozess von entscheidender Bedeutung sind. Dabei wird zwischen gewerblichen und privaten Käufen unterschieden, da beide Bereiche von diesen Ratschlägen und Vorgehensweisen profitieren.

LEGO® Teilenummer

Jedes LEGO-Element ist mit einer individuellen Teilenummer versehen, die eine eindeutige Identifizierung ermöglicht. Zusätzlich ist jedes Element mit dem LEGO-Logo gekennzeichnet. Die Nummer ermöglicht Ihnen die Suche und Identifizierung benötigter Teile in Suchmaschinen, im LEGO®-Onlineshop oder auf Bricklink. Bei fehlenden Elementen in einem Set bietet sich Ihnen hiermit die schnellste Möglichkeit, an Ersatz zu gelangen. Des Weiteren bietet die Teilenummer die Möglichkeit, Preise bei anderen Anbietern zu vergleichen, was wiederum bei der Wertermittlung der Anschaffung hilfreich ist. Auch gefälschte Steine und Elemente, die größtenteils aus Fernost stammen, lassen sich auf diese Weise erkennen.

1. Eindeutigkeit: Jede Teilenummer ist einzigartig und wird für jedes spezifische Teil vergeben. Das bedeutet, dass selbst kleine Variationen in Farbe oder Form eine eigene Teilenummer haben können.

2. Format: Die Teilenummer besteht in der Regel aus einer Kombination von 4 bis 7 Ziffern. Manchmal kann sie auch Buchstaben enthalten, insbesondere bei speziellen oder limitierten Teilen.

3. Katalogisierung: LEGO verwendet diese Nummern in ihren Katalogen, Online-Shops und in der Verpackung von Sets. So können Kunden und Sammler leicht nach bestimmten Teilen suchen.

4. Ersatzteile: Wenn du ein LEGO-Set hast und ein Teil verloren geht oder beschädigt wird, kannst du die Teilenummer verwenden, um das genaue Teil zu finden und es als Ersatz zu bestellen.

5. Sammlerstücke: Für Sammler sind die Teilenummern wichtig, um den Wert und die Seltenheit von bestimmten Teilen oder Sets zu bestimmen.

Die Handelsplattform Bricklink

Die wichtigste Plattform für Händler und Käufer ist www.bricklink.com.

Der Bricklink-Handelsplatz wurde im Jahr 2000 gegründet und dann 2019 von der LEGO® Gruppe übernommen.

Es handelt sich um die größte Onlineplattform für Händler und Käufer. Stand 2022 führt kein Weg an ihr vorbei. Auf dieser Plattform können Sie Einzelteile, Sets, Sticker, Minifiguren und alle weiteren LEGO®-Produkte kaufen und verkaufen.

Im Folgenden erhalten Sie eine kurze Zusammenfassung der Funktionen von Bricklink.

Bitte beachten Sie, dass die Plattform derzeit nur auf Englisch verfügbar ist und keine Übersetzung in andere Sprachen anbietet. Zur Einarbeitung in die Funktionalitäten von Bricklink habe ich mir Tutorials auf YouTube angesehen. Zudem habe ich mich mit der Einrichtung eines Shops befasst, um die Möglichkeiten zur Veräußerung von Überbeständen zu testen. Auf der Plattform können sowohl gebrauchte als auch neue Teile angeboten werden. Bitte beachten Sie, dass die Artikel für das Inventar gezählt und gelagert werden müssen.

Als Shop-Inhaber haben Sie die Möglichkeit, Teile aus Sets direkt in Ihr Shop-Inventar zu laden und die Preise festzulegen, beispielsweise nach günstig/teuer oder nach eigenem Preis. Bei einem Kauf eines Sets ist lediglich die Eingabe der Set-Nummer erforderlich, sodass Bricklink die enthaltenen Teile erkennt. Anschließend muss lediglich der Preis festgelegt werden. Der Preis, zu dem Sie die Sets erwerben, hat Einfluss auf die Höhe Ihrer Gewinnmarge.

Der Betrieb eines Bricklink-Shops ist mit einem gewissen Aufwand verbunden. Es empfiehlt sich, sich eingehend mit der Materie zu befassen und sich umfassend zu informieren. Wie bei anderen Verkaufsplattformen üblich, werden Sie durch Kunden bewertet.

Der Verkauf von sogenannten "Custom Items" und Zubehör, die zwar mit LEGO-Bausätzen kompatibel sind, von LEGO jedoch nicht autorisiert wurden, ist untersagt. Es gab dort eine Firma, die erfolgreich LEGO®-Elemente verchromt hat und sich nach dem Aufkauf der Seite durch die LEGO®-Gruppe dazu entschloss, einen eigenen Shop zu erstellen.

Nach einer umfassenden Analyse können wir festhalten, dass Bricklink...

Die Führung eines Bricklink-Shops mit großem Sortiment erfordert ein hohes Maß an zeitlichem Engagement. Auf YouTube finden sich zahlreiche Erfahrungsberichte von Betreibern, die es bei Bricklink geschafft haben oder gescheitert sind. Unter Berücksichtigung der erforderlichen Verkaufszahlen, um die Kosten zu decken und ein Gehalt zu generieren, lässt sich ein beträchtliches finanzielles Risiko ableiten. Des Weiteren besteht stets die Möglichkeit, dass einzelne Artikel von den Kunden nicht nachgefragt werden. Bei einer Zerlegung von hundert Speed Champion Sets stehen hundert Windschutzscheiben zum Verkauf.

Einige Fakten über Bricklink

BrickLink ist eine Online-Plattform, die sich auf den Kauf und Verkauf von LEGO-Steinen und -Sets spezialisiert hat. Sie wurde 2000 gegründet und hat sich seitdem zu einer der größten und bekanntesten Marktplätze für LEGO-Fans entwickelt. Hier sind einige wichtige Aspekte von BrickLink:

1. Marktplatz: BrickLink ermöglicht es Nutzern, LEGO-Teile, Sets und Minifiguren von verschiedenen Verkäufern zu kaufen. Verkäufer können ihre eigenen Shops einrichten und ihre Produkte anbieten.

2. Vielfalt: Die Plattform bietet eine riesige Auswahl an LEGO-Teilen, einschließlich seltener und schwer zu findender Teile. Das macht sie besonders attraktiv für Sammler und MOC (My Own Creation)-Bauer, die spezifische Teile für ihre eigenen Projekte suchen.

3. Katalog: BrickLink hat einen umfangreichen Katalog, der alle LEGO-Teile und Sets auflistet, die jemals produziert wurden. Nutzer können nach Teilen suchen, die Teilenummern eingeben oder nach Sets stöbern.

4. Community: BrickLink hat eine aktive Community von LEGO-Enthusiasten, die sich über Foren und soziale Medien austauschen. Nutzer können Tipps, Anleitungen und Inspiration für ihre eigenen LEGO-Projekte finden.

5. Preise und Bewertungen: Die Plattform bietet eine Preisübersicht für verschiedene Teile und Sets, sodass Käufer eine informierte Entscheidung treffen können. Verkäufer haben auch Bewertungen, die anderen Nutzern helfen, vertrauenswürdige Händler zu finden

Der Anfang ist schwer

Der Einstieg in das LEGO-Hobby ist mit einigen Herausforderungen verbunden. Wenn Sie das Glück haben, noch über eine LEGO-Sammlung aus Ihrer Kindheit zu verfügen, können Sie direkt mit dem Bauen beginnen. Die Bauanleitungen für alle LEGO-Sets können im Internet heruntergeladen werden. Damit steht dem Puzzlespiel nichts mehr im Wege.

Sollten Sie über keine LEGO-Sammlung mehr verfügen, ist der Erwerb einer solchen auf verschiedenen Plattformen möglich. Ich empfehle, sich im Freundeskreis oder in der Verwandtschaft nach Sammlungen oder Kiloware umzuhören.

Wenn Sie neuwertige Teile verkaufen möchten, ist das Legoland® in Günzburg die richtige Adresse. Dort wird ein Fabrikverkauf mit einem jährlichen wechselnden Sortiment betrieben. Der Verkauf von Neuware ist für Sie als Verkäufer mit weniger Aufwand verbunden, da gebrauchte Teile mitunter nicht die hohen Erwartungen der Kunden erfüllen.

Bitte beachten Sie, dass gebrauchte Elemente Risse und Verfärbungen aufweisen können. Bitte beachten Sie, dass Scheiben zerkratzt oder blind sein können. Dies ist stets zu berücksichtigen. Meine aussortierten Teile werden in einer Kiste gesammelt und bei Erreichen eines bestimmten Füllstands auf eBay als defekt/kaputt versteigert.

Ich persönlich stöbere auf Kleinanzeigen nach Sammlungen und Kiloware. Selbstverständlich ist auch mir bewusst, dass ich dort nicht allein unterwegs bin und dass einige Verkäufer eine nicht realistische Preisvorstellung von dem haben, was sie dort anbieten.

Ankäufe

Zunächst erfolgt eine Prüfung des Gesamteindrucks anhand der Fotos. Von besonderer Wichtigkeit ist für mich, dass es sich um einen Nichtraucherhaushalt handelt. Nikotin kann erhebliche Schäden verursachen. Die Steine können gewaschen werden, Anleitungen und Verpackungen jedoch nicht. Zur Entfernung von Nikotin und Verfärbungen auf weißen Steinen wird Wasserstoffperoxid empfohlen. Anleitungen dazu finden Sie mithilfe der Suchmaschinen.

Nach dem Ankauf von KG-Ware werden alle elektrischen Teile herausgesucht und in einem alten Kopfkissenbezug mit Reißverschluss gewaschen. Es sei an dieser Stelle darauf hingewiesen, dass es von großer Wichtigkeit ist, die Nutzung der Waschmaschine mit der betreffenden Person (Ehefrau) abzusprechen.

Standort & Versand

Der Standort ist grundsätzlich interessant. Ist es für Sie vorteilhafter, die Artikel vor Ort abzuholen, oder können Sie Zeit und Kosten sparen, indem Sie eine Lieferung wählen?

Pakete können mit DHL bis zu einem Gewicht von 30 Kilogramm versendet werden. Bitte beachten Sie, dass Sie beim Porto nicht sparen sollten. DHL ist derzeit der schnellste und zuverlässigste Paketdienstleister.

Bezahlung

Bezüglich der Bezahlung achte ich auf eine korrekte und transparente Abwicklung. Bei Kleinanzeigen ist Vorsicht geboten, da hier viele Betrüger unterwegs sind.

Aus diesem Grund wähle ich für die Bezahlung ausschließlich die PayPal-Option "Warenkauf".

Die Option "PayPal Freunde" wird von mir nicht genutzt, da sie für meine Zwecke nicht geeignet ist. Im schlimmsten Fall kann dies sogar zu einer Sperrung des PayPal-Kontos führen. Bitte entnehmen Sie weitere Informationen den AGB von PayPal.

Wir empfehlen, von Überweisungen abzusehen. Auch bei geringen Beträgen ist Vorsicht geboten, da Betrüger davon ausgehen, dass sie nicht strafrechtlich verfolgt werden.

Sollte das Angebot deutlich unter dem Marktpreis liegen, ist Vorsicht geboten. Grundsätzlich kann davon ausgegangen werden, dass die meisten privaten Verkäufer ihre Angebote recherchiert haben, um eine Preisvorstellung zu finden. Selbstverständlich gibt es auch vereinzelt Angebote, die als Schnäppchen bezeichnet werden können. Der Preis ist umso verhandlungswürdiger, je größer die Sammlung ist, da solche Posten nur für Händler zum Weiterverkauf geeignet sind.

Es gibt jedoch auch noch Verkäufer, die auf konventionellem Wege, d. h. mittels Zeitung, nach einem Käufer suchen. Ich empfehle, für wenig Geld eine "Ich kaufe an Anzeige" in Ihrer lokalen Zeitung zu schalten.

„Hurra die Pakete sind da" Feintuning

Es sei darauf hingewiesen, dass ein beträchtlicher Zeitaufwand erforderlich ist, um aus dem umfangreichen Angebot die geeigneten Komponenten auszuwählen. Im Folgenden wird eine Vorgehensweise präsentiert, die wie folgt beschrieben werden kann: Die Sortierung kann nach Farben erfolgen, sodass anschließend die Anbietung als KG-Ware möglich ist. Im nächsten Schritt ist das Gewicht der angekauften Menge zu ermitteln. Anschließend kann der Kilogramm-Preis errechnet und ein Preis festgesetzt werden. Selbstverständlich sollte der Ankaufspreis so gering wie möglich angesetzt werden. Im Jahr 2022 lag er zwischen 5 und 10 Euro, wobei der Zustand des Materials eine entscheidende Rolle spielt.

Das Sortieren stellt für Schüler, Studenten und 450-Euro-Kräfte eine ideale Tätigkeit dar. Mit einer sorgfältigen Sortierung lässt sich die Gewinnmarge steigern. Auf diese Weise können spezifische Elemente und Steine gezielt angeboten werden. Aus Erfahrung kann berichtet werden, dass die meisten Endkunden stets auf der Suche nach speziellen Teilen sind.

Teure Einzelteile & Zubehör

Die Quantität der LEGO-Elemente erschwert eine unmittelbare Evaluierung des Wiederverkaufswerts. Es empfiehlt sich, alle Elemente zu sammeln und zu sortieren, um eine möglichst genaue Einschätzung des Wiederverkaufswerts vornehmen zu können. Als Beispiel sei das Thema Eisenbahn angeführt. Diesbezüglich sind insbesondere Gleise, Weichen und Kuppler von Relevanz. In der Folge erfolgt eine weitere Aufteilung. Es empfiehlt sich, die gängigen Preise für Weichen, gerade Gleise und Kurven zu recherchieren. Auf diese Weise lassen sich bessere Preise erzielen als bei einer Veräußerung als Kiloware.

Die Goggle Lens App

Es handelt sich hierbei um ein unabdingbares Instrument, welches dazu imstande ist, Elemente zu identifizieren.

Die Kamera des Mobiltelefons wird genutzt, um das Objekt zu erfassen und mit Suchergebnissen auf Google in Verbindung zu bringen. Diese Anwendung erweist sich als außerordentlich nützlich, wenn man vor einem Minifigurenpuzzle sitzt oder beim Ankauf unsicher ist, welchen Preis man für ein bestimmtes Produkt zahlen sollte.

Die Funktion "In Lens" ermöglicht einen Vergleich von Objekten auf einem Foto mit anderen Bildern. Die Bilder werden folglich basierend auf ihrer Ähnlichkeit mit den Objekten auf dem ursprünglichen Foto sowie ihrer Relevanz kategorisiert.

Des Weiteren erfolgt eine automatische Erkennung der Objekte auf dem Bild, woraufhin eine Suche nach weiteren relevanten Ergebnissen im Internet durchgeführt wird. Bei der Analyse eines Bildes durch Lens werden häufig mehrere potenzielle Ergebnisse generiert, die anschließend nach ihrer vermutlichen Relevanz eingestuft werden. In manchen Fällen erfolgt eine Reduzierung der verschiedenen Möglichkeiten auf ein einziges Ergebnis.

Quelle: Google, Funktionsweise Lens App

Brickognize

Diese Anwendung ist in Bezug auf die Funktionalität der Google Lens App überlegen, da beim Scannen eine direkte Verbindung zu Bricklink hergestellt wird, wodurch Nutzer:innen Zugriff auf Preisinformationen, Mengenangaben und weitere Produktdetails erhalten. Diese Funktionalität ist als außerordentlich positiv zu bewerten.

Die erste Funktion der Anwendung, die Teilerkennung, ermöglicht es den Nutzer:innen, Fotos von LEGO-Steinen hochzuladen, welche anschließend automatisch analysiert werden, um die spezifischen Teile zu identifizieren. Dies ist insbesondere für Sammler und MOC-Bauer von Nutzen, da ihnen dadurch eine effiziente Organisation ihrer Teile sowie eine gezielte Suche nach bestimmten Steinen ermöglicht wird.

Datenbank: Die Plattform verfügt über eine umfangreiche, kontinuierlich aktualisierte Datenbank von LEGO-Teilen. Den Nutzerinnen und Nutzern wird die Möglichkeit geboten, sich über verschiedene Teile zu informieren, wobei sie unter anderem auf die entsprechenden Teilenummern, Farben und Varianten zugreifen können.

Usability: Brickognize wurde mit dem Ziel entwickelt, eine einfache Handhabung zu gewährleisten. Die Benutzeroberfläche ist intuitiv gestaltet, sodass auch weniger technikaffine LEGO-Enthusiasten die Plattform problemlos nutzen können.

Schätze

Es wird festgestellt, dass in den meisten Ankäufen aus Kinderzimmern, Kellern und Dachböden immer irgendwelche Fremdteile zu finden sind. Die Kenntnis dieses Umstands erlaubt eine Reduktion des Ankaufspreises. Der Wert von Gegenständen wie Murmeln, Batterien und ähnlichem Krimskrams wird häufig unterschätzt. In der Tat kann er eine beträchtliche Höhe erreichen und somit den potenziellen Gewinn mindern. Auch dieser vermeintliche Schrott kann zu Geld gemacht werden. Es empfiehlt sich, die Playmobil-Teile, Happy Hippos und Ähnliches zu sammeln und anschließend als Auktion bei Ebay zu veräußern. Dies kann dazu beitragen, den potenziellen Verlust zu minimieren.

Sofern auf den Fotos Anleitungen zu erkennen sind, aus denen sich ableiten lässt, welche Sets in dem Konvolut enthalten sein könnten, besteht die Möglichkeit, einen möglichen Gewinn zu errechnen. Es sei jedoch darauf hingewiesen, dass bestimmte Einzelteile auf den Einzelteilplattformen zu einem Preis angeboten werden, der eine Komplettierung des Sets aus wirtschaftlicher Sicht nicht rentabel erscheinen lässt.

Als Beispiel seien die Fahnen aus der Themenwelt "Piraten und Ritter" angeführt. Der Preis für eine große bedruckte Fahne beträgt gegenwärtig bis zu 20 Euro. Um sich einen Überblick zu verschaffen, wird empfohlen, bei eBay die gängigen Preise und Sonderteile zu recherchieren.

Es besteht die Möglichkeit, zweimal pro Jahr einen privaten Garagentrödelmarkt zu veranstalten. Es wird empfohlen, Wühltische aufzustellen, eine Waage bereitzustellen und die Aktion im Umkreis sowie in den sozialen Medien zu bewerben. Auf diese Weise ist es möglich, ohne die Zahlung von Standgebühren und sonstigen Kosten eine Vielzahl von Waren abzusetzen. Es empfiehlt sich, Kisten zu besorgen, die sich leicht stapeln lassen, sowie einen stabilen Tapeziertisch, der sich falten lässt. Eine adäquate Lagerung der Artikel ist somit gewährleistet.

Es wird empfohlen, die Figuren her auszusortieren und eine sorgfältige Prüfung hinsichtlich etwaiger Beschädigungen und Vollständigkeit vorzunehmen. Es ist zu empfehlen, beschädigte Teile nicht zu entsorgen, sondern aufzubewahren. Auch dieser vermeintliche Abfall kann über eine Auktion auf der Internetplattform eBay veräußert werden. Es empfiehlt sich, die betreffenden Teile deutlich zu kennzeichnen, beispielsweise durch einen Vermerk wie "beschädigt", "bemalt" oder "nicht mehr brauchbar". Auf diese Weise lässt sich mitunter ein finanzieller Vorteil erzielen.

Die Minifiguren

Die Lagerung der Minifiguren ist mit geringem Aufwand verbunden, wobei sich teilweise hohe Renditen erzielen lassen.

Mit Unterstützung der Bricklink-Datenbasis wurden relevante Zahlen und Fakten zusammengetragen und aufbereitet.

Die Anzahl der verfügbaren "Star Wars"-Figuren beläuft sich gegenwärtig auf ca. 1.276. Die Kategorie "Super Heroes" umfasst ca. 845 Figuren, während die Kategorie "Ninjago" ca. 702 Figuren beinhaltet. Für die Kategorie "Harry Potter" sind gegenwärtig 402 Figuren verfügbar. Um die vollständige Serie der "Star Wars"-Figuren zu erwerben, wäre ein finanzieller Aufwand von über 30.000 € erforderlich.

Auf der Plattform Bricklink sind aktuell über 500.000 Star-Wars-Figuren verfügbar (Stand: 2022).

Für die korrekte Montage der Figuren wird die Verwendung themenbezogener Fachbücher empfohlen. Das "Lexikon der Minifiguren" Diese sind gebraucht und in der Regel bereits für weniger als fünf Euro im Internet verfügbar. Im Folgenden wird die korrekte Zusammensetzung der Figuren erläutert. Es ist von großem Nutzen, wenn eine Sortierung der Figuren vorgenommen wird oder eine Figur erworben wurde. So kann beispielsweise das Fehlen des korrekten Kopfes den Wert der Figur mindern oder ihre Handelbarkeit beeinträchtigen. Insbesondere bei den hochpreisigen Figuren ist eine gewissenhafte Prüfung aller Teile auf Echtheit und Beschädigungen unerlässlich.

In der Literatur sind die Sets aufgeführt, aus denen die Figuren stammen. Anschließend besteht die Möglichkeit, bei Bricklink die Setnummer einzugeben, um eine Preisangabe für die jeweilige Figur zu erhalten. Für den Verkauf von Einzelfiguren höherer Preisklassen wird der Einzelverkauf empfohlen. Sofern eine Anzahl von Figuren von geringem Wert vorhanden ist, wird empfohlen, diese in einem Konvolut anzubieten. Ohne eine vorherige Wertermittlung besteht die Gefahr, dass die angebotenen Figuren zu einem zu niedrigen Preis angeboten werden. Es ist empfehlenswert, ein ausgewogenes Verhältnis zwischen Angebot und Nachfrage zu finden, um eine möglichst hohe Verkaufswahrscheinlichkeit zu erzielen und eine übermäßige Einlagerung von Figuren zu vermeiden.

Der An- und Verkauf von Minifiguren stellt ein komplexes und vielschichtiges Forschungsfeld dar. Einige Figuren besitzen einen tatsächlichen Sammlerwert, beispielsweise aufgrund ihrer limitierten Verfügbarkeit. Unter Berücksichtigung der vorliegenden Erkenntnisse lässt sich festhalten, dass die Minifigur von Prinzessin Amidala aus dem Set 9499 eine besondere Präferenz genießt. Bei einer Betrachtung der Wunschpreise auf der Handelsplattform eBay im Jahr 2022 wird ersichtlich, dass ein Preis von 80 Euro als angemessen erachtet wird.

LEGO City-Figuren werden von mir ausschließlich als Kiloware erworben. Im Anschluss erfolgt eine Sortierung nach thematischen Kriterien, beispielsweise Rettungskräfte, Eisenbahnpersonal und Ähnliches. Unter Berücksichtigung der themenbezogenen Ausstattung erfolgt der Verkauf als Konvolut.

Besonders hervorheben möchte ich die Classic (Vintage)-Figuren der Space- und Ritterserien. Unter der Voraussetzung, dass der Preis und die Qualität den Erwartungen entsprechen, wird umgehend zugestimmt. Diese Figuren, die über 30 Jahre alt sind, werden von Sammlern mit einem hohen Preis gehandelt. Es ist zu beobachten, dass für bestimmte Zubehörteile hohe Summen bezahlt werden.

Es lässt sich beobachten, dass bestimmte Tiere sowie die Dinosaurier aus der "Jurassic World"-Serie auf dem Markt zu hohen Preisen gehandelt werden. Es empfiehlt sich, vor dem Verkauf eine Preisermittlung vorzunehmen, um einen angemessenen Preis zu erzielen.

Bauanleitungen

Die Bewertung von Bauanleitungen erfolgt anhand zweier Kriterien, nämlich des Alters und des Zustandes. In den meisten Fällen sind es Sammler und andere Händler, die den Versuch unternehmen, den Wert eines Sets durch eine Anleitung im guten Zustand zu erhöhen. Beim Verkauf von Anleitungen an Händler werden lediglich Centbeträge pro Kilo entrichtet. Auch in diesem Kontext ist eine gründliche Recherche unerlässlich. Es besteht die Möglichkeit, dass bestimmte Anleitungshefte einen angemessenen Verkaufspreis erzielen. Der Verkauf meiner gebundenen Originalanleitung des Todessterns für 15 € nach Kanada war ein erfolgreicher Geschäftsabschluss.

Es ist möglich, sämtliche Bauleitungen digital zu erhalten. Die effektivste Methode, um eine herausragende Rendite zu generieren, ist die Förderung von Kreativität. Dazu ist lediglich eine Digitalisierung der Bauanleitung erforderlich. Es besteht die Möglichkeit, zwischen drei Programmen zu wählen. Diesbezüglich sind Bricklink Studio, LDraw sowie LEGO Digital Designer zu nennen. Die Nutzung aller drei Programme ist kostenfrei möglich. Auch hier kann erneut auf Tutorials zurückgegriffen werden, die auf YouTube zur Verfügung stehen, um sich in die Materie einzuarbeiten und anschließend mit der Umsetzung zu beginnen. Der hierfür erforderliche Zeitaufwand ist minimal. Es wird empfohlen, ein Modell aus LEGO zu kreieren, welches eine hohe Nachfrage bei potenziellen Nachahmern generieren könnte. Im letzten Schritt erfolgt die Platzierung auf den entsprechenden Webseiten Rebrickable.com und Mocsmarket zum Verkauf. Da die Anleitungen lediglich Arbeitszeit erfordern, jedoch keine materiellen Herstellungskosten verursachen, lässt sich ein beträchtlicher Umsatz generieren. Die Plattformen Rebrickable und Mocsmarket bewerben eure Anleitungen automatisch über die sozialen Medien. Des Weiteren besteht die Möglichkeit, digitale Produkte auf anderen Plattformen anzubieten.

Hinsichtlich der Verkaufsplattform Etsy können aus eigener Erfahrung positive Rückmeldungen für den Zeitraum von 2019 bis

2021 gegeben werden. Anschließend wird die Bauanleitung durch den Kunden bezahlt und ihm schließlich als Download zur Verfügung gestellt. Da es sich um ein digitales Produkt handelt, ist eine dauerhafte Verfügbarkeit gewährleistet. Der Versand wird von der Verkaufsplattform übernommen, sodass sich der Anbieter lediglich mit einer detaillierten Beschreibung des Bauprojekts befassen muss, um sicherzustellen, dass der Kunde über alle relevanten Informationen verfügt. Sofern Sie über die notwendige Zeit verfügen, besteht zudem die Möglichkeit, komplette Bausätze auf Basis Ihrer Anleitung anzubieten. Die Erstellung eines solchen Bausatzes ist mit einem beträchtlichen Aufwand verbunden. Des Weiteren ist eine Verpackung mit sämtlichen rechtlichen Hinweisen, Tüten sowie die gedruckte Anleitung erforderlich. Zudem ist ein gewisser Zeitaufwand für die Auswahl und Verpackung der Teile in gleichbleibender Qualität zu berücksichtigen. Diese Faktoren sollten folglich in die Preisgestaltung einfließen. Es ist davon auszugehen, dass Sie nicht unter dem Mindestlohn von 12 € (Stand 2022) arbeiten möchten.

Verpackung

In der Vergangenheit wurde von mir keinerlei Wert auf die Aufbewahrung von Verpackungen gelegt. Gegenwärtig existieren Sammler und Händler, die derartige Objekte ankaufen, um ein Set zu vervollständigen oder aber weiterzuverkaufen. Auch in diesem Kontext ist die Berücksichtigung des zur Verfügung stehenden Lagerraums von essentieller Bedeutung. Der Platzbedarf leerer Boxen ist erheblich. Sofern die entsprechenden Räumlichkeiten vorhanden sind, wird empfohlen, lediglich Boxen der teuren Sets zu lagern.

Lagersysteme

Da mir die räumliche Situation nicht bekannt ist, können an dieser Stelle lediglich einige allgemeine Hinweise gegeben werden. Eine Lagerung in einem feuchten Keller ist zu vermeiden. Es sei darauf hingewiesen, dass eine potenzielle Gefahr durch Wasserleitungen, welche platzen könnten, besteht. Es wird darauf hingewiesen, dass der Raum frei von Rauch und Tieren sein muss. Es gibt keine unerwünschteren Einflüsse als Nikotin und Tierhaare. Es empfiehlt sich, auf die Verwendung von stabilen Aufbewahrungsboxen mit Deckeln zu achten, um eine staubdichte Verschließung zu gewährleisten. Es wird empfohlen, Sets liegend zu lagern, sodass eine Beschädigung der Ecken oder der Verpackung vermieden wird.

Es gibt eine Nachfrage seitens der Endkunden nach Sets, die als "fabrikneu" beschrieben werden können. Auf einer Börse wurde ich Zeuge einer Begegnung mit einem Kunden, der sich über einen Zeitraum von etwa zehn Minuten wiederholt die Box des Ghostbusters-Sets ansah. Es kann als glückliche Fügung bezeichnet werden, dass er sich letztendlich zum Kauf entschloss.

Bei der Auswahl eines Lagerraums oder einer Garage als Ort der Lagerung ist die Frage der Diebstahlsicherung von entscheidender Bedeutung. Eine unzureichend gesicherte Garage oder ein unzureichend gesicherter Lagerraum stellen ein leichtes Ziel dar.

Polybags

Der Begriff "Polybag" bezeichnet eine kleine, bedruckte Tüte, welche Figuren oder kleine Sets enthält. Der Preis für einen Polybag liegt zwischen 3,99 € und 5,99 € (Stand: 2022). Die kleinen Tüten sind zu allen Themengebieten erhältlich. Inhaltlich sind die Polybags vielfältig. Sie können Figuren enthalten, die nach einer gewissen Zeit einen Sammlerwert aufweisen, oder Bausätze. Zu den am häufigsten nachgefragten Polybags zählen die Figuren aus der "Herr der Ringe"-Filmreihe sowie die Charaktere aus der "Star Wars"-Saga. Diese sind in den meisten Spielzeugläden sowie online verfügbar. Figuren, die nur in geringer Stückzahl produziert wurden, können zu einem beträchtlichen Preis gehandelt werden. Der Handel mit diesen sogenannten "Limitierten" oder "Seltenen" Figuren ist mit einem Wertzuwachs verbunden, sodass die meisten Polybags dieser Art mit einem Preis von 10 € oder mehr gehandelt werden. Als Beispiel sei das folgende Angebot angeführt:

LEGO Star Wars Minifigur – Darth Vader, chrome black (2009)

Artikelnummer: LSW-0218-PB

EAN: 4250567826049

Kategorie: LEGO Star Wars Minifiguren

Preis: 542,00 €

inkl. 19 % MwSt., versandfreie Lieferung Es kann mitunter der Eindruck entstehen, dass die Händler eine Art Wettbewerb um die höchsten Preise initiieren möchten. Sollten Sie in den Besitz eines solchen "Juwels" gelangen,

Gift with purchase GWP

Die englische Bezeichnung für das Geschenk, welches im Rahmen diverser Aktionen im LEGO-Store bzw. im Online-Shop erhältlich ist. Die Inanspruchnahme dieser Aktion setzt voraus, dass eine festgelegte Summe ausgegeben oder ein bestimmtes Set erworben wird. Der Verkauf des "Gift with Purchase" erlaubt eine Reduktion des Einkaufspreises, was eine Senkung der Angebotspreise für die erworbenen Sets zur Folge hat.

LEGO® Vintage

Ein Highlight für Sammler, am besten mit Box und Anleitung.

LEGO Weltraum

Hier begeistern Raumschiffe sowie die Monorail viele Sammler. Einzelteile der Monorail sind begehrt und recht teuer im Einkauf. Die Minifiguren aus der Blacktron Serie erzielen recht gute Verkaufspreise.

LEGO Burg & Fantasy

Hier schlägt das Sammlerherz höher. Ritterburgen oder die Herr der Ringe Reihe erfreuen sich großer Beliebtheit. Viele Herr der Ringe Minifiguren werden für über 10 € das Stück gehandelt. Bei den älteren Sets der Ritterreihen sollte man auf die eventuell altersbedingten Farbunterschiede der grauen Teile achten. Tolle Renditen lassen sich hier mit allerlei Zubehör erzielen. Die Fahnen, das Zaumzeug der Pferde und sogar die Federn der Hüte.

LEGO Star Wars

Eine sehr beliebte Serie mit unzähligen Minifiguren und Sets. Darunter riesige Raumschiffe und Sammlerstücke.

LEGO Friends Serie

Ein schwieriges Thema, aber auch für dieses Produkt gibt es einen Markt. Es sind viele bunte Elemente enthalten, die natürlich auch in anderen Themenbereichen zum Bauen benötigt werden.

LEGO City Serie

Die Gebäude und Fahrzeuge begeistern nicht nur kleine Baumeister. Hier werden regelmäßig neue Polizei- und Rettungswachen von LEGO herausgebracht.

LEGO Technik

Große Bausätze mit vielen Teilen, die sich auch bei Erwachsenen großer Beliebtheit erfreuen. Diese großen Bausätze sind recht teuer, da sie sich an erwachsene Sammler und Bastler richten. Hier bieten sich Reifen, Motoren und Spezialteile als Investition an. Nach einigen Jahren wechselt LEGO meist die Motorisierung und die Preise für die Elektromotoren steigen. Einige Panels sind nur in bestimmten Sets erhältlich.

Duplo

Des einen Fluch, des anderen Segen.

Diese großen Bausteine waren der Einstieg für viele Baumeister*innen. Auch hier wird fleißig nach Figuren, Tieren und Zubehör sortiert. Immer wieder beliebt sind die Bauplatten und Basic Steine.

Viele Themen werden von LEGO® nicht mehr produziert.

Ritter und Indianerfiguren horte ich in großen Mengen .

End of life (EOL)

Hiermit werden die Sets bezeichnet, die von LEGO nicht mehr produziert werden. Das bedeutet hier, dass ab Bekanntgabe des EOL Datums das Set definitiv im Wert steigt, da es nicht mehr nachproduziert wird. Natürlich kann es vorkommen, dass LEGO eine Neuauflage herausbringt. Hier zum Beispiel beim Todesstern Set Nummer 10188 und 75159. Es gibt natürlich auch Themen, die bei den Kunden nicht gut angekommen sind und deshalb wird diese Serie eingestellt.

Gewinnmarge

Legt euch eine Gewinnmarge von 20 Prozent auf den Einkaufspreis fest, denn auch in diesen Segmenten kann das Marktumfeld durchaus schwierig sein. Bietet ihr eure Ware zu teuer an, bleibt das Lager voll. Den goldenen Mittelweg zu finden ist hier die Schwierigkeit.

Als Beispiel nehme ich die beliebten kleinen LEGO Speed Champion Sets. Unverbindliche Preisempfehlung bei LEGO 17,99 €, nach kurzer Zeit sind diese mit bis zu 20 Prozent Rabatt im Handel erhältlich. Durch eine Rabattaktion eines Onlinehändlers konnte ich einige Sets für 14,99 € erwerben. Diese habe ich dann auf Lager gelegt, um sie zu einem späteren Zeitpunkt mit Preisaufschlag zu verkaufen. Nach ca. 2 Monaten wurden diese Sets in einer Aktion bei Amazon mit knapp 35 % angeboten. Grundsätzlich kann man davon ausgehen, dass viele Sets mit Rabatten von bis zu 30 % im Handel auftauchen.

Leitformel

Zeitaufwand, Lagerzeit, Kapitalbindung

Ihr seid nicht die einzigen Investoren, die versuchen, mit LEGO Produkten Geld zu verdienen. Stellt euch die Frage, ob es sinnvoll ist, euer Kapital in dieses Set zu investieren und wie lange ihr es lagern müsst, bis ihr es mit Gewinn verkaufen könnt. Wenn ein neues beliebtes Set erscheint und Ihr die Möglichkeit habt, es deutlich günstiger einzukaufen, könnt Ihr es noch schnell unter dem Einführungspreis auf den Markt werfen, um einen schnelleren Turnaround zu erzielen. Gerade an besonders beliebten Aktionstagen wie dem 4. Mai sind viele Sets im Nachhinein ausverkauft. Die Gewinnmarge ist hier sehr gering. Sobald es innerhalb weniger Wochen Rabatte auf die Sets gibt, wird das Interesse Eurer Kunden nachlassen. Wenn ihr ein gewerblicher Anbieter seid, versucht euch einen treuen Kundenstamm aufzubauen. Dem Thema Werbung habe ich später noch ein eigenes Kapitel gewidmet.

Erstellt euch einen Leitfaden, der die Punkte Zeitaufwand, Lagerhaltung, Werbung und den zu erwartenden Ertrag enthält.

Fälschungen und „Fake LEGO".

Aus Fernost kommen viele Fälschungen, die nur am fehlenden Branding zu erkennen sind. Dreist werden die Schachtel, die Anleitung und die Teile gefälscht. Gerne werden diese Produkte auf den üblichen Verkaufsplattformen günstiger angeboten. Mein Rat: „Finger weg!" Ihr wisst nicht, ob diese Teile Weichmacher oder andere giftige Stoffe enthalten. Ihr unterstützt damit die Produktpiraterie und macht euch bei der Einfuhr größerer Mengen strafbar. Nicht nur, dass der Zoll eure Ware beschlagnahmt, es können auch noch Gerichtsverfahren folgen. Mittlerweile werden auch 3 Drucker für die Produktion von teuren Teilen verwendet, wie zum Beispiel für Vintage LEGO Autos.

Einkaufen im Internet

Es gibt eine Vielzahl von Online-Shops, die teilweise mit Rabatten von 20% bis 50% auf LEGO Produkte werben. Hier sollte man einfach zugreifen und am besten eine Kombination aus Rabatten und Punktesystemen nutzen. Ich persönlich benutze schon seit Jahren meine Payback American Express um in Partnershops Punkte zu sammeln.

Ich habe eine kleine Liste mit Websites zusammengestellt, die ich regelmäßig besuche. Bei Neukundenregistrierung gibt es meist 5 € bis 10 € Rabatt oder Gutscheine, die man per Mail oder Post zugeschickt bekommt. Wichtig sind auch die Versandkosten.

Seit Ihr Amazon Prime Nutzer seid, könnt Ihr von guten Rabatten und kostenlosem Versand profitieren und da fängt die Liste der Websites direkt an. Kaum eine andere Seite bietet Rabatte in einem solchen Umfang an.

Es gibt aber auch kleine Onlineshops, die bei einer Bestellung kleine Geschenke oder eigene Kreationen mitschicken. Ich freue mich dann über Star Wars Poster oder auch eine Polybag.

www.amazon.de

www.Smythtoys.com

www.galeria.de

www.Mueller.de

www.MyToys.de

www.Alternate.de

www.Spielemax.de

www.Saturn.de

www.JB-Spielwaren.de

www.SteineHelden.de

www.Thalia.de

Beispiel für einen meiner Internetkäufe

Bei Alternate konnte ich heute am 08.06.2022 Jurrasic World Sets kaufen. Diese waren um 39% reduziert. Vor ein paar Tagen hätte ich bei Steinehelden 11€ mehr bezahlen müssen. Die Mail mit den Angeboten kam von stonewars.de

☐ LEGO Jurassic World 76939 Flucht des Stygimoloch für 23,99 Euro (40% Rabatt)

(UVP: 39,99 Euro, PVG: 33,30 Euro)

☐ LEGO Jurassic World 76940 T. Rex Skelett in der Fossilienausstellung für 17,99 Euro (40 % reduziert)

(UVP: 29,99 Euro, PVG: 25,34 Euro)

☐ LEGO Jurassic World 76941 Jagd auf den Carnotaurus für 29,99 Euro (40% reduziert)

(UVP: 49,99 Euro, PVG: 40,37 Euro)

☐ LEGO Jurassic World 76942 Flucht des Baryonyx für 49,99 Euro (38% reduziert)

(UVP: 79,99 Euro, PVG: 64,89 Euro)

☐ LEGO Jurassic World 76948 T. Rex & Atrociraptor: Dinosaurier Ausbruch für 54,90 Euro (39% Rabatt)

(UVP: 89,99 Euro, PVG: 68,06 Euro)

☐ LEGO Jurassic World 76949 Giganotosaurus & Therizinosaurus Angriff für 84,90 Euro (35% reduziert)

(UVP: 129,99 Euro, PVG: 102,40 Euro)

☐ LEGO Jurassic World 76944 T. Rex Ausbruch für 29,99 Euro (40% reduziert)

(UVP: 49,99 Euro, PVG: 39,63 Euro)

☐ LEGO Jurassic World 76946 Blue & Beta in der Velociraptor Falle für 17,99 Euro (40% reduziert)

(UVP: 29,99 Euro, PVG: 23,84 Euro)

☐ LEGO Jurassic World 76947 Quetzalcoatlus: Flugzeugangriff für 29,99 Euro (40% reduziert)

(UVP: 49,99 Euro, PVG: 39,63 Euro)

☐ LEGO Jurassic World 76951 Pyroraptor & Dilophosaurus Transport für 27,99 Euro (38% reduziert)

(UVP: 44,99 Euro, PVG: 34,98 Euro)

Wie ihr hier sehen könnt sehr gut erklärt von stonewars.

Die unverbindliche Preisempfehlung von LEGO und dazu der PVG (PreisVerGleich) wird angezeigt.

Das finde ich sehr hilfreich, da es Zeit spart und ich nicht selbst bei eBay oder Kleinanzeigen suchen muss.

Die Gewinnspanne für den Quick Turn Arround lässt sich hier schnell berechnen. Als Beispiel nehme ich hier das Set 76951. Der Einkaufswert beträgt 27,99 € bei einem PVG-Preis von 34,98 €. Das entspräche einer Rendite von 6,99 €. Langfristig nach dem EOL-Datum würde ich hier die Preisspanne bei 40 €-45 € ansetzen. Zumindest im nächsten Jahr zu Weihnachten sollte dieser Preis erreichbar sein.

Man hat also die Optionen, einige Sets schnell in den Markt zu werfen und andere langfristig zu behalten, um fast 50 % mehr Rendite (12,01 €) zu erzielen. Bei mittelgroßen Sets wie diesem ist die Hemmschwelle bei euren Kunden geringer, dafür Geld auszugeben. Zum Vergleich: Bei 80 € bis 100 € pro Set käme es für mich als Geschenk für Kinder nur zu Weihnachten oder zum Geburtstag in Frage. Mit der kalkulierten Gewinnspanne könnt ihr euch ausrechnen, wie viele Sets ihr verkaufen müsst, um davon leben zu können. Ich habe natürlich bei einigen befreundeten Händlern nachgefragt, wie hoch der EU-Preis für dieses Set ist und mir wurde versichert, dass dieser auch bei ca. 24€-27€ liegt, ohne die Kosten, die Ihr als Händler habt. Große Händler wie Amazon bekommen natürlich andere Rabatte aufgrund der Menge, die sie von LEGO abnehmen.

Aber bei bis zu 40% Rabatt könnt Ihr getrost zuschlagen.

Die Tiere und Sets werden sich sehr lange großer Beliebtheit erfreuen.

Großhandel

Einkäufe über einen der namhaften Großhändler habe ich bisher nicht getätigt, da die mir angebotenen Preise im Einkauf plus Mehrwertsteuer beim Weiterverkauf keinen Gewinn gebracht hätten. Aber auch hier ist es durchaus möglich, eine größere Anzahl von Sets als Lagerware einzukaufen.

Einige Großhändler bieten LEGO® Lizenzprodukte wie Zeitschriften, Malbücher und diverse andere Artikel an. Hier konnte ich beispielsweise Schulranzen in großen Mengen kaufen. Dort vor allem die Themen Star Wars und Ninjago.

Der Einkauf im Großhandel setzt ein bestehendes Gewerbe voraus. Man muss einen Nachweis z.B. Gewerbeanmeldung nachweisen.

Vergleichsportale

Diese unten aufgeführten Seiten benutze ich für Recherchen und auch als gute Quellen für Investitionen. Beide Seiten sind nur auf LEGO® spezialisiert. Die Sets werden dort angezeigt und der aktuelle Anbieter mit dem besten Rabatt auf den LEGO-Preis.

www.brickmerge.de

www.brickwatch.net

Dort einfach die Set Nummer eingeben und man erhält eine ausführliche Beschreibung des Sets und wenn man als Steinhändler interessiert ist, den Preis pro Stein.

Hier als Beispiel von Brickmerge:

Das LEGO Set Banküberfall mit Verfolgungsjagd mit der LEGO Nummer 60317 Police Chase at the Bank gehört zur Themenreihe LEGO CITY. Altersempfehlung: ab 7 Jahren. Dieses LEGO Set ist im Jahr 2022 erschienen und wird voraussichtlich bis 2023 im Programm bleiben. Das Set enthält 6 Minifiguren und setzt sich aus 915 Teilen zusammen. Die Teile des Sets ohne Bauanleitung und Schachtel wiegen ca. 1.122 Gramm. Das Gesamtgewicht des Sets beträgt ca. 1.796 Gramm. Die unverbindliche Preisempfehlung liegt bei 99,99 €. Wir haben das Set bei 40 Händlern aus unserem Preisvergleich gefunden und die Angebote miteinander verglichen. Der günstigste Preis für das LEGO Set 60317 liegt im brickmerge-Preisvergleich aktuell bei 57,90 €* (ggf. zzgl. Versand). Das entspricht 6,33 Cent pro Stein oder 5,16 Cent pro Gramm. Du sparst also 42,09 € gegenüber der UVP, kaufst also 42% günstiger!

Der Part-Out-Value (POV), also die Summe der von bricklink.com ermittelten Durchschnittspreise der Einzelsteine, liegt bei ca. 164,73 €. Wenn du die im Set enthaltenen Steine einzeln kaufst, zahlst du also ca. 106,83 € mehr, als du für das Set zum aktuellen brickmerge Bestpreis bezahlst. Das entspricht einem POV-Ratio von 2,8 (Verhältnis des Ausverkaufswertes zum aktuellen brickmerge Bestpreis).

(Stand: 08.06.2022)

„Die Teile des Sets wiegen ohne Gebrauchsanleitung und Verpackung ca. 1.122 Gramm. Das Gesamtgewicht des Sets beträgt ca. 1.796 Gramm." Ist zum Beispiel für die Berechnung der Versandkosten ins Ausland wichtig. Diese können nämlich von Land zu Land variieren.

„Wir haben das Set bei 40 Händlern in unserem Preisvergleich gefunden und die Angebote verglichen."

Zeit ist Geld. Man kann nachschauen, mit welchen Händlern dort zusammengearbeitet wird, dann muss man nur noch eine Liste mit Shops führen, die dort nicht gelistet sind.

Der Betreiber von Brickmerge hat mich vor Jahren auf einer Messe angesprochen und mir seine Seite vorgestellt. Die Idee war damals neu und ich war begeistert. Die beiden Seiten erleichtern die Suche und man spart sich viel Zeit beim Durchklicken der Shops.

Plattform-Steuer-Transparenz-Gesetz (PStTG)

Das PStTG ab 1.1.2023 legt hier ganz klar die Richtlinie für eure Investitionen bzw. Verkäufe fest

„30 verkaufte Artikel bis Januar 2024 - oder wenn die Gesamtsumme der Verkäufe in diesem Zeitraum die Grenze von 2.000 Euro überschreitet."

Aufgrund dieser Rechtslage gibt es nur die Möglichkeit ein Kleingewerbe anzumelden, wenn ihr ohne Stress mit dem Finanzamt leben wollt. Das Finanzamt kann bis zu 5 Jahre rückwirkend alle Eure Bücher prüfen.

Gründung eines Kleingewerbes

In den folgenden Abschnitten erläutere ich kurz den Aufwand und die Kosten für die Gründung eines Kleingewerbes. Der Kreis der potentiellen Käufer ist im Internet natürlich größer als über Kleinanzeigen oder einen Trödelstand, aber auch mit Arbeit, Schweiß und Kosten verbunden.

Wer im In- und Ausland mit gebrauchten und neuwertigen Artikeln handeln möchte, sollte sich vorher über die rechtlichen Konsequenzen informieren.

Das Kleingewerbe könnt ihr relativ schnell gegen eine geringe Gebühr beim zuständigen Gewerbeamt anmelden. Eure Steuernummer bekommt Ihr dann automatisch vom Finanzamt zugeteilt. Am besten sucht Ihr euch dann einen Steuerberater oder macht die Steuererklärung selbst. Ab 2022 müsst ihr die Steuererklärung digital abgeben, wenn ihr ein Gewerbe habt. Für ein Kleingewerbe reicht die einfache Buchführung Einnahmen und Ausgaben. Ihr müsst keine Umsatzsteuer ausweisen und könnt Stand 2022 bis zu 22.000 Umsatz machen. Überschreitet ihr diese Grenze, werden eure Waren mit 19 Prozent besteuert und ihr müsst diese an das Finanzamt abführen. Fazit: Mit einem Kleingewerbe seid ihr gegenüber dem Händler im Vorteil, da ihr keine 19 % Mehrwertsteuer abführen müsst.

Bietet ihr Waren im Internet an, müsst ihr euch zusätzlich beim Verpackungsregister (LUCID) registrieren. Dafür müsst Ihr einen Vertrag mit einem Entsorgungsunternehmen abschließen, der natürlich Geld kostet. Weitere Informationen dazu findet ihr auf der Homepage des Verpackungsregisters und den zahlreichen Anbietern.

Als Nächstes solltet ihr euch informieren, welche Impressumsangaben auf den jeweiligen Plattformen gemacht werden müssen. Bei Ebay Kleinanzeigen reicht ein Impressum aus.

Wenn ihr einen Onlineshop betreibt, kommen wichtige Rechtstexte wie Widerrufsbelehrung, Allgemeine Geschäftsbedingungen und vieles mehr hinzu.

Es gibt bereits vorgefertigte Texte, die im Internet zu finden sind oder direkt von den Betreibern der Onlineshopplattformen angeboten werden. Alternativ kann man auch Mitglied im Händlerbund werden, dort bekommt man Unterstützung in Form von Beratung und rechtssicheren Texten.

Als Beispiel habe ich hier einmal Jimdo herausgesucht, dort wird direkt mit Inklusivpaketen mit Rechtstext Manager geworben. Zugegeben.

Betrieb eines Onlineshops ist kein Hexenwerk. Es gibt so viele Anbieter, die es dem Laien, wie ich es am Anfang war, sehr einfach gemacht haben. Viele dieser Anbieter arbeiten nach einem einfachen System mit vorgefertigten Shops, bei denen ihr nur noch Fotos und Preise einfügen müsst. Aber auch hier müsst Ihr vorher aufwendig recherchieren, welcher Anbieter und welche Preise für Euch am besten sind. Ich habe damit Stunden meines Lebens verbracht.

Es gibt viele Stolpersteine und Kostenfallen.

Wie hoch sind die Gebühren beim Verkauf?

Ebay Stand 13.01.2023 alle Angaben ohne Gewähr. Quelle Google Suchmaschine

„Die variable Verkaufsprovision beträgt 11 % für den Anteil des Gesamtbetrages bis EUR 1.990,00 und 2 % für den Anteil des Gesamtbetrages über EUR 1.990,00. Die Festgebühr pro Bestellung beträgt EUR 0,05, wenn der Gesamtbetrag pro Bestellung unter EUR 10,00 liegt, ansonsten EUR 0,35.“

Etsy Stand 13.01.2023 alle Angaben ohne Gewähr. Quelle Goggle Suchmaschine

„0,20 USD Einstellgebühr pauschal pro Artikel und 6,5 % der Gesamtbestellsumme.“

-Wie hoch sind die Kosten, wenn Zahlungsarten wie Kreditkarte angeboten werden?

-Wie viele Artikel kann ich anbieten?

- Wie lange läuft ein Vertrag oder Abonnement?

Hier als Beispiel die Kosten bei Jimdo Stand 13.01.2023 Quelle Google Suchmaschine

"Die Premiumtarife von Jimdo beginnen bei 9€/Monat (START). Dieses Paket ist bereits werbefrei und mit eigener Domain. GROW (15€/Monat) und GROW LEGAL (20€/Monat), beinhaltet mehr Speicherplatz bzw. einen Rechtstextgenerator. Das Rundum-Sorglos-Paket mit extra viel Speicherplatz und Bandbreite ist der Tarif UNLIMITED. Den günstigsten Business-Tarif (BASIC) gibt es für 15€/Monat."

Auch hier gilt: Preise und Service vergleichen.

Die meisten Anbieter verlinken dann Euren Shop über Social Media und platzieren ihn in den Suchmaschinen.

Checklisten zum Thema Kleingewerbe und Existenzgründung gibt es bei der IHK und im Internet über Suchmaschinen zuhauf. Ich habe mich mehrere Stunden einlesen müssen und dazu solltet ihr auch bereit sein, denn die rechtlichen Konsequenzen können teuer werden.

Zoll

Für den gewerblichen Import/Export benötigt Ihr eine EORI (Economic Operators' Registration and Identification number). Diese kann relativ schnell online beim Zoll beantragt werden.

So. Ich gehe davon aus, dass Ihr nun die rechtlichen Dinge in trockene Tücher gebracht habt und loslegen wollt.

Steuerberater

Viele Informationen könnt Ihr von einem Steuerberater bekommen. Dieser kann sich, wenn Ihr ihn bezahlt, um Abschreibungen, Steuern und Buchhaltung kümmern.

Ihr könnt den Steuerberater auch als Betriebsausgabe absetzen.

Mir persönlich hat es immer geholfen, ich habe sowohl meine private als auch meine betriebliche Steuererklärung von einem Steuerberater machen lassen.

Bisher habt ihr nur Geld ausgegeben. Gewerbeanmeldung (bei mir damals 22€), Onlineshop (rechnet je nach Anbieter mit Kosten bis zu 50€ im Monat), Verpackungsregister, Gebühren etc.

Besorgt euch eine Kamera, eine Fotobox mit guter Beleuchtung und stabile Sortierkisten. Dazu braucht ihr noch Hardware in Form von Laptop, Drucker (für DHL/Post Labels/Rechnungen etc.), Verpackungsmaterial etc.

Der Vorteil des Kleingewerbes ist, dass ihr es direkt als Ausgabe abschreiben könnt. Kartons und Verpackungsmaterial gibt es in großen Mengen im Internet zu kaufen. Achtet darauf, dass Ihr die richtigen Größen für DHL-Päckchen/Pakete kauft. Kleine verschließbare Plastiktüten und Luftpolsterfolie.

Warum erwähne ich DHL?

Ich habe im Laufe der Jahre alle Lieferdienste ausprobiert. Da der Hermesshop auf der Gassirunde meines Hundes liegt, habe ich mit Hermes verschickt. Immer wieder gingen Pakete verloren oder waren mehr als 12 Tage unterwegs. Die Hotline von Hermes war kostenpflichtig.

Mit dem Aufstellen einer DHL Paket Box im Supermarkt habe ich mich dann für DHL entschieden und auch Aktien der Deutschen Post gekauft, um durch die Dividende etwas Geld zurückzubekommen. Im DHL Online Shop kann man DHL Briefmarken vergünstigt kaufen. Z.B. zahlt der Kunde 4,99€ und ihr habt 200 Marken zum Stückpreis von 4,10€ nach Rabatt gekauft. Wenn Ihr mehr als Pakete / Warensendungen verschickt bietet Euch DHL günstigere Konditionen an. Mehr dazu erfahrt ihr auf der DHL Webseite.

Werbung & Social Media

Mailchimp ist mein persönlicher Favorit für den Versand von Mails an meine Kunden. Kostenlos, einfach zu bedienen und mit euren Social Media Auftritten verknüpfbar. Facebook, Twitter, Instagram, TikTok sind heute unverzichtbar für eure Werbung und die Präsentation eures Shops. Meldet euch dort mit eurem Unternehmen an, um noch mehr potentielle Kunden zu erreichen, rechnet aber auch mit möglichen negativen Kommentaren und Neidern. Die Anmeldungen bei all diesen .... sind recht zeitaufwendig und Ihr müsst regelmäßig Zeit in das Posten von Inhalten investieren.

Auf Facebook könnt Ihr Werbung schalten, was recht einfach ist, aber auch Kosten verursacht. So könnt Ihr gezielt Kunden in euren Onlineshop locken. Wenn Ihr die Möglichkeit habt, könnt Ihr Google Adsense in euren Shop integrieren. Das Programm schaltet Werbung auf eurer Shopseite und bezahlt euch dafür. Je mehr Besucher auf eurer Seite sind, desto mehr Geld verdient ihr durch die Werbung.

Youtube

Auf Youtube könnt ihr unter bestimmten Voraussetzungen Geld mit Werbung verdienen, die in euren Beiträgen geschaltet wird. Dafür muss euer Kanal bestimmte Voraussetzungen erfüllen. Bevor ihr dort einen Account erstellt, recherchiert die Voraussetzungen zur Monetarisierung, damit ihr ein Ziel vor Augen habt. Erstellt Videos, Reviews von Sets oder werdet kreativ. Jeder Abonnent und jede Minute, in der Eure Videos angesehen werden, bringt Euch später einen kleinen Betrag ein. Ich persönlich fand es immer spannend, immer mehr Subscriber zu bekommen. Natürlich ist das Betreiben eines YouTube Kanals mitunter sehr zeitaufwendig, da Inhalte produziert werden müssen. Hier bietet es sich an, mehrere Beiträge vorzuproduzieren, um sie dann zeitversetzt zu veröffentlichen.

Externe Hilfe

Wenn ihr nicht das technische Wissen oder die Zeit habt, Inhalte (Content) für eure Kanäle zu produzieren, holt euch Hilfe. Die Kosten für beispielsweise Fotografen oder Content Creator könnt Ihr als Betriebsausgaben geltend machen. Kreative Köpfe werden sich schon finden.

Messen und Flohmärkte

Es gibt spezielle LEGO Verkaufsbörsen und Veranstaltungen, auf denen private und gewerbliche Verkäufer einen Stand aufbauen können. Einfach im Internet nach Terminen und Veranstaltungen suchen. Ich selbst hatte jahrelang einen kleinen Stand auf verschiedenen Börsen, aber seit die Kinder da sind, wühle ich lieber als Besucher in den Kisten. Euer Stand sollte eine gute Mischung aus günstigen und mittelpreisigen Angeboten haben. Sehr erfolgreich waren die Wühlkisten mit dem Verkauf von KG-Ware. Die Steine werden nach Farben sortiert und so angeboten. Besorgt euch Becher oder kleine Kisten und lasst eure Kunden wühlen. Nehmt eine genaue Waage mit und verkauft nach Gramm. So könnt ihr einen viel besseren Ertrag erzielen. Ihr spart Zeit beim Sortieren. Teure Sets und große Sets sind besser für Spezialmärkte mit Fachpublikum geeignet. Berücksichtigt Fahrtkosten, Standgebühren, Verpflegungskosten und Eure Arbeitszeit. Das Wetter, Schulferien oder andere zeitgleiche Veranstaltungen sind Faktoren, die ihr berücksichtigen müsst. Ihr müsst euch die Frage stellen, ob es sich lohnt und im Vorfeld kalkulieren, wie hoch euer geplanter Umsatz ist und ob es nicht sinnvoller ist, die Zeit besser zu nutzen.

Trödelmärkte

Auf Trödelmärkten, das muss ich leider ehrlich zugeben, habe ich als Verkäufer keine Erfahrung, weil mich das frühe Aufstehen immer abgeschreckt hat. Dort schlendere ich bei schönem Wetter lieber mit den Kindern und wir schauen, ob uns die Profis noch LEGO überlassen haben. In der einen oder anderen Wühlkiste eines unwissenden Verkäufers ist schon so manches Schätzchen zum Vorschein gekommen. Wer hier Sets kauft, muss mit fehlenden Teilen rechnen.

Mein Nachbar, ein begeisterter Trödeljäger, hat zu später Stunde auf diversen Trödelmärkten das eine oder andere Schnäppchen gemacht. Dort kann man natürlich auch Kontakte knüpfen, um an Nachschub zu kommen.

HzH

Eines meiner Lieblingsthemen ist das HzH (Händler zu Händler). Egal wie früh ihr in der Schlange steht bei solch einem Spezialmarkt, die Schnäppchen und guten Deals haben die Händler schon abgeschlossen und aufgekauft. Sind Privatpersonen mit einem Stand auf solch einer Veranstaltung rate ich euch einfach fragt einfach mal nach dem Gesamtpreis für alle ausgelegten Waren. Überschlagt im Kopf eure mögliche Gewinnmarge und gebt ein Einstiegsgebot ab. Auf diese Weise könnt ihr euch das lästige Handeln für einzelne Sets sparen und Ihr werdet einige neidvoll Blicke erhalten. Aggressives Ankaufen. Viele Waren wird auch untereinander von Händler zu Händler verkauft, in der Hoffnung dann vom Endkunden mehr verlangen zu können. Wenn Ihr eure Waren so bereits im Vorfeld verkauft, bleibt natürlich bei euch weniger Gewinn über. Ihr könnt kurz vor Ende der Veranstaltung versuchen noch einige Sachen an andere Händler zu verkaufen, dann habt Ihr weniger zu tragen. Aber das Gute an LEGO ist, es wird nicht schlecht, ihr müsst es dann halt nur wieder einlagern

Custom Zubehör

Seit einigen Jahren gibt es verschiedene Anbieter, die „Custom" Zubehör wie Umhänge, militärische Ausrüstung, Beleuchtung, Halterungen oder Waffen herstellen. Diese sind mit den LEGO Elementen kompatibel.

Ich habe jahrelang verschiedene Teile importiert und im eigenen Onlineshop und auf Messen verkauft. Damit lassen sich Figuren aufwerten oder eigene Kreationen herstellen. Das macht aber nur Sinn, wenn ihr die finanziellen Möglichkeiten habt, in großen Mengen zu guten Konditionen einzukaufen. Schaut Euch auf dem Markt um, vergleicht andere Anbieter und holt Euch Angebote von den Herstellern ein. Einige Hersteller bieten bereits Händlerprogramme mit günstigen Konditionen an.

Bitte beachtet beim Import die anfallenden Zölle und Transportkosten. Zum Thema Importzölle schaut bitte auf die Internetseite des Zolls.

Dort ist es recht einfach erklärt und es gibt sogar einen Rechner für Einfuhrzölle.

Der Verkaufspreis sollte alle Kosten beinhalten, damit auch ein Gewinn erzielt werden kann. Die größte Gefahr besteht darin, dass ein anderer Mitbewerber eine größere Partie aufkauft und diese dann günstiger anbieten kann. In diesem Fall hilft nur schnellstmöglich mit Rabatten zu verkaufen und das Lager zu räumen. Das unternehmerische Risiko ist bei so einem Vorhaben sehr groß, denn wenn die Konkurrenz sieht das ein Produkt gut läuft, werden sie auch versuchen bei diesem Hersteller einzukaufen und dann weiterzuverkaufen. Ein exklusiver Resellervertrag würde die Investition absichern.

Ich konnte einen Hersteller von 6x6 Vitrinen für Minifiguren als Lieferanten gewinnen. Der Einkaufspreis lag bei 0,50 € pro Stück. Bei anderen Herstellern lag der Einkaufspreis deutlich höher. Nach einer Testbestellung um die Qualität zu überprüfen habe ich 2000 Stück bestellt. Einer meiner Grundsätze ist es, nur Ware anzubieten, die ich geprüft und getestet habe. Diese bot ich auf Spielzeugbörsen und im Onlineshop zum Kampfpreis von 1 € das Stück an. Damals war ich noch im Kleingewerbebereich und musste keine 19 % Mehrwertsteuer abführen.

Die Versandkosten wurden vom Hersteller übernommen, so dass ich pro Vitrine einen Gewinn von 50 % erzielen konnte. Der erwirtschaftete Gewinn wurde direkt wieder in die nächste Bestellung investiert.

Innerhalb kürzester Zeit waren alle Vitrinen ausverkauft. Nach einigen Wochen erhielt ich eine Mail von einem anderen Hersteller ähnlicher Boxen, der mich ohne Umschweife nach dem Anbieter fragte und ein Musterexemplar erwerben wollte. Zusammenfassend kann ich an dieser Stelle reflektieren, dass ich einen höheren Verkaufspreis hätte ansetzen können, um meine Gewinnspanne zu erhöhen. Durch den bewusst niedrig angesetzten Preis konnte ich jedoch die Aufmerksamkeit auf meinen Onlineshop erhöhen und somit mehr potentielle Kunden auf meine Ware aufmerksam machen. Dadurch habe ich einige Anfragen von anderen Händlern nach Händlerkonditionen und Abnahme von größeren Stückzahlen.

Habt ihr schlecht laufende Ware eingekauft, gibt es immer die Möglichkeit mit hohen Rabatten zu werben, um potentielle Kunden anzulocken. So bleibt Ihr im schlimmsten Fall nur auf den Einkaufskosten sitzen.

Wertverlust

Grundsätzlich haben die meisten Sets beim Kauf direkt bei LEGO zunächst einen Wertverlust von 10 bis 20 Prozent. Meistens werden Neuerscheinungen bereits mit Rabatten zur Vorbestellung angeboten. Hier als Beispiel von der Seite von JB Spielwaren (09.06.2022):

Vorbestellung

LEGO 75334 OBI-WAN KENOBI VS DARTH VADER: DUELL AUF MAPUZO

49,99 EUR

42,49 EUR.

Im ungünstigsten Fall wartet noch ein Rabatt von 40 Prozent auf euch. Dieser Wertverlust kann natürlich auch bei Aktien und anderen Finanzprodukten auftreten. Die Wahrscheinlichkeit, dass die Aktie wieder steigt ist grundsätzlich höher, als dass euer Set in kurzer Zeit um 40 % steigt. Sollte es sich um eine Dividendenaktie handeln wäre der Kursverlust nicht so toll, aber ihr bekommt immer noch eine Dividende. Der Vorteil bei LEGO ihr werdet nie einen Totalverlust erleiden wie zum Beispiel bei der Wirecard Aktie.

Nicht jedes erscheinende LEGO Set wird später auch eine Rendite abwerfen. In letzter Zeit konnten sich einige neue Themenreihen nicht durchsetzen. Diese Themenreihen werden dann meist noch im selben Jahr auf die EOL Liste gesetzt und im Handel meist mit hohen Rabatten verramscht. Hier kann man sich ausrechnen, ob es sich lohnt, diese Sets zu kaufen, um sie als Teilespender zu verwenden.

Fazit

Als Hobbyinvestor ist es ein spannendes Thema und es lässt sich durchaus ein nettes Taschengeld verdienen. Hauptberuflich oder nebenberuflich als Kleingewerbetreibender ist es Arbeit und man ist für den geschäftlichen Erfolg selbst verantwortlich. Viele Vorschriften und Papierkram nehmen viel Zeit in Anspruch. Von der Buchhaltung bis zum Verpackungsregister kommt einiges auf euch als Unternehmer zu. Die Haltbarkeit der Sets, um dann einen Gewinn zu erzielen, ist schwer zu kalkulieren.

Das Marktumfeld hat sich durch die steigende Inflation seit 2022 verschlechtert. Die Kaufkraft ist gesunken und viele Menschen zahlen lieber ihre Rechnungen als hochpreisige Sets zu kaufen.

Sammler und Fans kaufen die für sie interessanten und begehrten Sets meist zum Erscheinungstermin. Dann ist der Markt gesättigt und Sie müssen auf die Interessenten warten, die es aus irgendwelchen Gründen es nicht geschafft haben, das Set zu kaufen und nun bereit sind, deutlich mehr dafür zu bezahlen.

Bitte immer den Kosten / Nutzen Faktor beachten.

Kann mir eine Aktie, ein ETF oder ein Fonds während der Haltedauer mehr Dividende oder Zinsen bringen als dieses Set?

Ab dem 01.07.2022 steigen die Zinsen langsam an. Das bedeutet, dass man dann mit Tagesgeld und anderen verzinslichen Anlagemöglichkeiten sicher wieder Geld verdienen kann.

Ich bin im Bereich der sogenannten P2P-Kredite sehr erfolgreich und erhalte beim Anbieter Bondora mit Tagesgeld 6,3% Rendite auf meine Einlage (Stand 2022).

Natürlich kann man sich darüber streiten, ob der Kauf einer Rolex oder von Wein als Wertanlage nicht sinnvoller wäre, aber das müsst Ihr individuell entscheiden, womit Ihr Euch besser auskennt.

Ein Vorteil gegenüber allen Finanzprodukten ist: Wenn das LEGO Set zu sehr an Wert verliert, kann man es immer noch zusammenbauen und damit spielen. ☺

Zusammenfassung und Schlussfolgerung

LEGO® Produkte im Vergleich zu typischen Anlageoptionen

Eine Investition in LEGO Produkte kann in der Tat lukrativ sein, aber wie bei jeder Investition gibt es einige Faktoren, die du berücksichtigen solltest. Hier sind einige Punkte, die dir helfen können, die Rentabilität von LEGO Investitionen zu beurteilen:

1. Wertsteigerung: Viele LEGO Sets und Teile haben im Laufe der Jahre an Wert gewonnen, insbesondere limitierte Editionen, exklusive Sets oder solche, die nicht mehr produziert werden. Manche Sets können ein Vielfaches ihres ursprünglichen Preises erzielen, wenn sie gebraucht verkauft werden.

2. Marktnachfrage: Die Nachfrage nach bestimmten LEGO Sets kann stark schwanken. Beliebte Themen wie Star Wars, Harry Potter oder Technik ziehen oft mehr Käufer an. Es ist wichtig, den Markt zu beobachten und Trends zu erkennen.

3. Zustand und Verpackung: Der Zustand der LEGO Produkte spielt eine entscheidende Rolle für ihren Wert. Unbenutzte und originalverpackte Sets erzielen in der Regel höhere Preise als gebrauchte. Auch die Vollständigkeit der Teile spielt eine wichtige Rolle.

4. Langfristige Perspektive: LEGO Investitionen sind oft langfristige Investitionen. Es kann Jahre dauern, bis der Wert eines Sets deutlich steigt. Hier ist Geduld gefragt.

5. Risiken: Wie bei jeder Investition gibt es auch hier Risiken. Der Markt kann schwanken und nicht alle Sets werden im Wert steigen. Es ist wichtig, sich gut zu informieren und nicht nur auf Trends zu setzen.

- LEGO: Eine Investition in LEGO erfordert Kenntnisse des Marktes, der Trends und der Beliebtheit bestimmter Sets. Es kann auch Spaß machen, da viele LEGO Fans eine Leidenschaft für das Bauen und Sammeln haben.

5. Emotionale Aspekte

- Aktien: Das Investieren in Aktien kann emotional belastend sein, besonders in volatilen Märkten. Es erfordert Disziplin, nicht impulsiv zu handeln.

- LEGO: Investitionen in LEGO können emotionaler sein, da viele Menschen einen persönlichen Bezug zu den Sets haben. Das Sammeln kann auch unabhängig vom finanziellen Aspekt Freude bereiten.

LEGO® oder Gold

1.Wertsteigerung

- LEGO: Bestimmte LEGO Sets, insbesondere limitierte Editionen oder seltene Teile, können im Laufe der Zeit erheblich an Wert gewinnen. Einige Sets haben sich als sehr wertstabil erwiesen und können ihren ursprünglichen Preis um ein Vielfaches übersteigen. Die Wertsteigerung ist jedoch nicht garantiert und kann stark von der Nachfrage abhängen.

- Gold: Gold gilt als sicherer Hafen und hat historisch gesehen seinen Wert über lange Zeiträume gehalten. Es wird häufig als Absicherung gegen Inflation und wirtschaftliche Unsicherheiten gesehen. Der Goldpreis kann jedoch volatil sein und von verschiedenen Faktoren wie Angebot, Nachfrage und geopolitischen Ereignissen beeinflusst werden.

2. Liquidität

- LEGO: Der Verkauf von LEGO Produkten kann länger dauern, da man auf den richtigen Käufer warten muss. Die Liquidität kann je nach Nachfrage nach bestimmten Sets oder Teilen schwanken. Beliebte Sets können relativ schnell verkauft werden, während weniger gefragte Teile länger auf einen Käufer warten müssen.

- Gold: Gold ist normalerweise sehr liquide. Du kannst Goldbarren oder Goldmünzen einfach verkaufen und es gibt viele Märkte und Händler, die Gold kaufen. Der Preis ist in der Regel transparent und wird täglich auf den Märkten aktualisiert.

3. Risiko

- LEGO: Obwohl LEGO Produkte in der Regel beständiger sind, gibt es auch hier Risiken. Nicht alle Sets steigen im Wert und der Markt kann sich ändern. Der Zustand und die Vollständigkeit der Teile sind entscheidend für den Wert.

- Gold: Gold gilt als relativ sichere Anlage, aber auch hier gibt es Risiken. Der Preis kann schwanken und es gibt keine garantierte Rendite. Zudem fallen Lagerkosten und mögliche Sicherheitsrisiken beim Besitz von physischem Gold an.

4. Wissen und Engagement

- LEGO: In LEGO zu investieren erfordert Wissen über den Markt, Trends und die Beliebtheit bestimmter Sets. Es kann auch Spaß machen, da viele LEGO-Fans eine Leidenschaft für das Bauen und Sammeln haben. Das Engagement kann sowohl finanzieller als auch emotionaler Natur sein.

- Gold: Investitionen in Gold erfordern ein gewisses Wissen über den Markt und die Preisentwicklung. Es ist wichtig, die wirtschaftlichen Rahmenbedingungen zu verstehen, die den Goldpreis beeinflussen.

5. Emotionale Aspekte

- Gold: Gold hat oft einen symbolischen Wert und gilt als Statussymbol. Auch hier kann eine emotionale Bindung bestehen, insbesondere wenn es als Vermächtnis oder zu besonderen Anlässen verwendet wird.

LEGO® oder Aktien

1. Rendite und Wertsteigerung

- Aktien: Aktien können potenziell hohe Renditen bieten, insbesondere wenn man in wachstumsstarke Unternehmen investiert. Die Rendite kann durch Dividenden und Kursgewinne erzielt werden. Aktien sind jedoch auch volatil und können kurzfristig an Wert verlieren. Wenn man hier auf die Dividendenkönige setzt kann man auch als Anfänger nicht viel verkehrt machen.

Buy & Hold Taktik. Die Buy-and Hold-Strategie gilt als einfach umsetzbar, unaufwändig und kostengünstig. Hier ein Beispiel aus der Seite von deltavalue.de mit Firmen die seit über sechzig Jahren eine Dividende zahlen.

American States Water Co.	AWR	2,28%	71 Jahren
Dover Corp.	DOV	1,09%	70 Jahren
Northwest Natural Holding	NWN	5,09%	70 Jahren
Procter & Gamble Co.	PG	2,44%	69 Jahren
Parker-Hannifin Corp.	PH	1,03%	69 Jahren
Genuine Parts Co.	GPC	3,52%	69 Jahren
Emerson Electric Co.	EMR	1,94%	67 Jahren
Cincinnati Financial Corp.	CINF	2,30%	64 Jahren
Johnson & Johnson	JNJ	3,10%	63 Jahren
Coca Cola Co	KO	2,98%	63 Jahren

-Mithilfe eines Brookers wie zum Beispiel Bitpanda ist es möglich auch nur Teile einer Aktie zu erwerben um so das Portfolio zu erweitern.

- LEGO: LEGO-Produkte, insbesondere limitierte Sets oder seltene Teile, können im Laufe der Zeit an Wert gewinnen. Einige Sets haben sich als sehr wertstabil erwiesen, aber die Wertsteigerung kann langsamer und weniger vorhersehbar sein als bei Aktien.

2. Liquidität

- Aktien: Aktien sind in der Regel sehr liquide, was bedeutet, dass man sie schnell kaufen oder verkaufen kann. Der Aktienmarkt ist während der Handelszeiten aktiv und du kannst deine Aktien jederzeit verkaufen.

- LEGO: Der Verkauf von LEGO-Produkten kann länger dauern, da man auf den richtigen Käufer warten muss. Die Liquidität kann je nach Nachfrage nach bestimmten Sets oder Teilen schwanken.

3. Risiko

- Aktien: Aktienmärkte können volatil sein und es besteht das Risiko, das investierte Kapital zu verlieren. Diversifizierung ist wichtig, um das Risiko zu minimieren.

- LEGO: Obwohl LEGO Produkte in der Regel stabiler sind, gibt es auch hier Risiken. Nicht alle Sets steigen im Wert und der Markt kann sich ändern. Außerdem können der Zustand und die Vollständigkeit der Teile den Wert beeinflussen.

4. Wissen und Engagement

- Aktien: Erfolgreiche Investitionen in Aktien erfordern oft ein gewisses Maß an Wissen über den Markt, Unternehmen und wirtschaftliche Trends. Es kann auch notwendig sein, regelmäßig zu recherchieren und deine Investitionen zu überwachen.

Die Investition in LEGO erfordert Kenntnisse über den Markt, aktuelle Trends sowie die Beliebtheit bestimmter Sets. Des Weiteren kann das Engagement in LEGO auch als Freizeitbeschäftigung mit positiven Aspekten betrachtet werden, da ein Großteil der LEGO-Enthusiasten eine Leidenschaft für das Bauen und Sammeln hegt.

5. Emotionale Aspekte

– Aktien: Das Engagement in Aktien kann mit emotionalen Schwankungen einhergehen, insbesondere in Phasen hoher Volatilität. Es ist erforderlich, sich einer gewissen Disziplin zu befleißigen, um nicht von Impulsen geleitet zu werden.

Ich persönlich habe mich dafür entschieden meine Investitionen in tatsächlich alle drei Bereich (Lego, Aktien & Gold) aufzuteilen. Ich bin ein passiver Investor der lieber auf Nummer sicher geht und überlasse es gerne anderen Leuten Ihr Geld mit den „sicher Tipps" zu verbrennen. Wir erinnern uns alle an Wirecard……..

Rechtliche Hinweise

Die bereitgestellten Informationen stellen keine Anlageberatung oder Empfehlungen für Anlage- und sonstige Entscheidungen dar.

Die bereitgestellten Informationen, seien es Kommentare, Hinweise oder Ratschläge, dienen allein der finanziellen Bildung sowie als Denkanstöße. Diese Informationen stellen keine persönliche Anlageberatung dar. Die Verantwortung für Anlageentscheidungen, die auf Basis der bereitgestellten Informationen getroffen werden, liegt ausschließlich bei den Nutzerinnen und Nutzern.

Jede Investition in Wertpapiere ist mit Risiken verbunden, wobei auch der Verlust des eingesetzten Kapitals nicht ausgeschlossen werden kann. Die Finanzmärkte unterliegen einer Vielzahl von nicht vorhersehbaren Volatilitäten, welche den Wert des Vermögens reduzieren und im Extremfall sogar zu einem Totalverlust führen können. Es kann keine Gewährleistung dafür übernommen werden, dass die angestrebten finanziellen Ziele erreicht werden oder sich das Vermögen wie erwartet entwickelt.

Zeitfracht Medien GmbH
Ferdinand-Jühlke-Straße 7
99095 Erfurt, Deutschland
produktsicherheit@kolibri360.de